LICIA CAGNONI



KÖSTLICH KOCHEN – BILD FÜR BILD

# ITALIENISCHE KLASSIKER

DIE BESTEN ITALIENISCHEN REZEPTE MIT ÜBER **500** SCHRITT-FÜR-SCHRITT-FOTOS

ueberreuter

Danke, dass Sie sich für unser Buch entschieden haben.
Wir freuen uns, wenn wir Sie auch weiterhin über unsere Neuerscheinungen informieren dürfen und laden Sie ein unseren Newsletter unter www.ueberreuter-sachbuch.at zu abonnieren. Sie erreichen uns auch direkt unter office@ueberreuter-sachbuch.at.

1. Auflage 2020
ISBN 978-3-8000-7802-8
Ins Deutsche übersetzt von: Elisabetta De Luca

Italienische Originalausgabe: I Grandi Classici

Via Mazzini, 6 – 43121 Parma/Italia
(www.dalcoedizioni.it)



Rezepte: Licia Cagnoni, Giulia Scarpaleggia (pp. 94-98-100-140)
Fotos im Innenteil: Piermichele Borraccia
Grafisches Projekt (Innenteil): Monia Petrolini
Covergestaltung: Saskia Beck, s-stern.com/Cristiana Mistrali
Lektorat: Anke Weber
Satz: Hannes Strobl, Satz·Grafik·Design, Neunkirchen
Druck und Bindung: Italien
www.ueberreuter-sachbuch.at

# Inhalt

# Die großen Klassiker

Dieses Buch ähnelt ein wenig einem „Best of": Es ist eine Sammlung von Rezepten, in der Sie nur das Beste vom Besten finden werden. Die italienische Küche ist in der ganzen Welt bekannt und beliebt und zählt gemeinsam mit nur wenigen anderen zu den „ganz großen Küchen dieser Welt". Besonders deshalb, da sich in Italien die vielfältige regionale Küche mit der Erfahrung und dem Erfindungsreichtum von Generationen von Gastronomen, Chefs und leidenschaftlichen Köchen zu einem großen Ganzen vermischt. Das Ergebnis ist eine unverfälschte Küche, die sowohl auf der Vielfalt der Produkte dieses Landes als auch auf einer Technik basiert, die mit Leidenschaft, Forschung, Kreativität und ständigem Ausprobieren entwickelt wurde.

In diesem Band unterteilen wir Italien in Nord-, Mittel- und Süditalien sowie die Inseln. Im Norden werden wir von der Emilia Romagna mit ihren berühmten frischen Pasta-Variationen, dem Piemont mit seinem fantastischen Fleisch und Ligurien mit seiner unnachahmlichen Küche, bis nach Ligurien reisen – wo wir eine unnachahmliche Küche finden, die einfachste und hochwertigste Lebensmittel miteinander kombiniert.

In Mittelitalien werden wir auf die großen Traditionen der Toskana und Roms treffen, aber auch auf die vielen Suppengerichte der Marken. Wir begeben uns auf eine Reise, die uns auf oftmals unbekannte Küchen stoßen lässt, die jedoch voller Erfindungsreichtum und Authentizität sind.

Der Süden tischt uns ein Fest des guten Geschmacks auf – nicht zuletzt dank der Küchen Neapels, Kalabriens und Apuliens, die allesamt einem typischen und traditionsreichen Charakter verpflichtet sind.

Für die Inseln stehen Sizilien und Sardinien. Sie entführen uns in eine Welt, die Produkte aus Land und Meer miteinander zu Gerichten vereinen, wie sie nirgendwo anders möglich wären.

Das Resultat aus all dem ist nicht weniger als die italienische Küche, um die uns die ganze Welt beneidet. Eine reiche und aus vielen Bestandteilen zusammengesetzte Küche – sozusagen ein großes kulinarisches Fresko.

# Grundzutaten

Pasta, Käse, Wurst und noch viel mehr.
Italien hat unzählige typische Produkte von großer Qualität zu bieten, die es zu entdecken und in zahlreichen Rezepten aufzuwerten gilt.
Angefangen bei den Gundrezepten.

# DIE TYPISCH ITALIENISCHEN PRODUKTE

Gute Küche. Zwei einfache Worte, die die ganzen italienischen Traditionen, alle typischen Produkte und sämtliche kulinarischen Köstlichkeiten zusammenfassen, von denen es in Italien vom Aostatal bis Sizilien unzählige gibt. Die Lebensmittel zeichnen sich durch eine große Vielfalt aus und tragen somit zu diesem reichen kulinarischen Erbe von Aromen und Rezepten bei, das auf der Welt einzigartig ist – und zugleich alltäglich. Denn jeden Tag werden in den italienischen Familien und Küchen Gerichte zubereitet, die wahre Meisterwerke sind und die eine Jahrhunderte, ja Jahrtausende alte Geschichte erzählen, welche Ausdruck einer tief verwurzelten Kultur ist. Basis der mediterranen Küche ist das Gemüse, welches sättigende Eigenschaften bei einem gleichzeitig geringen Kaloriengehalt bietet.

## DIE WURSTWAREN

In Italien existieren Hunderte von Wurstsorten, die großteils sehr alte Wurzeln haben. In jeder Region des Landes werden charakteristische und einzigartige Spezialitäten hergestellt, deren Mengen jedoch meist nur für den lokalen Konsum reichen. Das verarbeitete Fleisch – vorwiegend Schweine- und Rindfleisch, aber auch Wildschein-, Pferde- und Gänsefleisch – wird durch die Beigabe von Salz haltbar gemacht und meistens gekocht. Unter den Rohwurstsorten gibt es Rohschinken, Salsiccia sowie einige luftgetrocknete Würste (Salami), während unter den gekochten Wurstsorten, vor allem die Mortadella und der gekochte Schinken erwähnenswert sind. Eine weitere Unterscheidung ist jene in Wurstwaren aus ganzen Fleischstücken und jenen aus gehacktem (faschiertem) und abgefülltem Fleisch. Die Würste können auch – wie vor allem im Norden verbreitet – geräuchert werden.

## DIE KÄSESORTEN

Die Auswahl an Käsesorten ist in ganz Italien sehr groß. Man unterscheidet zwischen Hartkäse (über 6 Monate), halbfestem Schnittkäse (2 bis 6 Monate), Weichkäse (mindestens 60 Tage) und Frischkäse (1 bis 3 Tage gereift). Weitere Unterscheidungen werden nach dem Ursprung der Milch getroffen. So gibt es Ziegen-, Kuh-, Schafs- und Mischkäse. Die Herstellungstechniken haben oft sehr alte Wurzeln – wie beim Parmesan oder Gorgonzola – und sehen raffinierte Produktionsprozesse vor, welche die Aromen zur Geltung bringen und jeden Käse einzigartig machen. In der Küche gibt es unendlich viele Möglichkeiten, Käse zu verwenden. Jeder Koch kann auf viele traditionelle Rezepte zurückgreifen oder mit ganz neuen Kombinationen experimentieren, um neue fantasievolle Rezepte zu erfinden.

**Mozzarella**

Er ist der berühmteste italienische Weichkäse und wohl einer der Eckpfeiler der traditionellen italienischen Küche. Abgesehen von jenem aus Kuhmilch (Fior di Latte genannt), gibt es den original Büffelmilch-Mozzarella aus Kampanien mit seiner weißen, weichen und gleichzeitig kompakten Konsistenz, der mit dem Qualitätsgütesiegel DOP geschützt ist. Die Formen variieren von der klassischen Kugel, über die kleineren Bocconcini (Häppchen) bis hin zur Treccia (Zopf): Das Wesentliche dabei ist aber die Frische. Bei der Burrata, ein jüngeres Produkt aus Apulien (Adria), umschließt eine Mozzarella-Hülle eine weitere Mozzarella-Schicht und einen Kern aus Sahne (Obers).

## DIE PASTA

Unmöglich, über die traditionelle italienische Küche zu sprechen, ohne dabei von ihrer Königin zu reden: die Pasta! Lang oder kurz, frisch oder getrocknet, aus Hartweizengrieß, mit frischen Eiern oder gefüllt – sie ist die unangefochtene Hauptdarstellerin des ersten Ganges vom Norden bis zum Süden.

Ihre Formen sind mannigfach, ja schier unendlich, und für jede von ihnen gibt es eine Sauce, die perfekt dazu passt – sowohl für Alltags- als auch Festtagsgerichte. Während zu den klassischen Sorten kurzer Pasta vor allem Penne, Fusilli und Orecchiette zählen, haben fantasievolle Pastamacher auch Ruote, Campanelle und Galletti erfunden. Zu den langen Pastasorten zählen neben den bereits zur Ikone gewordenen Spaghetti, die Mafalde, Ziti und Capellini. Aber die Liste ist lang ... Und nun ist es an Ihnen, die vielen Pastasorten Italiens zu entdecken!

## GETREIDE UND HÜLSENFRÜCHTE

Die unendlichen Weiten der Poebene erlauben den Anbau von Reis. Sorten wie z. B. Arborio und Baldo sind vielfältig und sehr hochwertig. Außerdem werden in Norditalien traditionell viele Speisen auch von Polenta begleitet, die mal weicher, mal körniger, mal gelber, mal weißer ist und hervorragend zu Fleisch, Fisch sowie Käse passt. Aber vergessen wir nicht die übrigen Getreidesorten: Die süßliche Gerste und der duftende Dinkel sind Basis für exzellente Suppen und werden immer öfter als Alternativen zum Weizenmehl verwendet. Das „Arme-Leute-Essen" schlechthin, die Hülsenfrüchte, werden in ganz Italien traditionell für nahrhafte und geschmackvolle Gerichte verwendet, die aufgrund ihrer bedeutenden ernährungsphysiologischen Eigenschaften heute wieder sehr geschätzt werden.

## OLIVENÖL EXTRA VERGINE

Er ist charakteristisch für die Landschaft, Küche und Traditionen: der Olivenbaum. Jene Pflanze, die uns die außergewöhnlichen Früchte schenkt, aus denen jenes wertvolle Öl gewonnen wird, das sprichwörtlichen Ruhm genießt. In fast jeder Region Italiens wird ein typisches Olivenöl produziert, das seinen eigenen und unverwechselbaren Charakter hat. Unter allen Regionen jedoch stechen besonders die Toskana, Umbrien und Apulien hervor. Man kann unter delikaten und gehaltvolleren Ölen wählen, von denen jedes für gewisse Gerichte passend ist. Erstere sind besonders schmackhaft, um roh genossen zu werden, auf Salat oder Fisch. Zweitere eignen sich besser zum Kochen, für Fleisch und Saucen. Wichtig ist aber die exzellente Qualität des Öls: italienisch, extra vergine (erste Pressung) und kalt gepresst, damit es alle geschmacklichen und gesundheitlichen Eigenschaften behält.

## DIE WEINE

Der italienische Weinbestand basiert großteils auf Rotweinen – mit Körper und Charakter für große Anlässe, etwas leichter für den alltäglichen Genuss. Dazu zählen vor allem die großen Piemonteser Barolo und Barbaresco, der venezianische Amarone, die toskanischen Brunello di Montalcino und Chianti oder etwa der sizilianische Nero d'Avola. Das sind auch die Weine, die am besten mit unserem kulinarischen Erbe wie gefüllter Pasta, Schmorbraten, gekochtem Rindfleisch, reifen Käsesorten harmonieren. Aber auch die Weißweine sind gut aufgestellt: frische und süffige Weine, die binnen eines Jahres getrunken werden sollten, und Weißweine mit mehr Struktur, die man auch reifen lassen kann. Unter diesen befinden sich internationale Sorten wie Chardonnay, Pinot Bianco und Sauvignon, gefolgt von den nationalen Sorten wie Soave, Verdicchio dei Castelli di Jesi e di Matelica, Fiano di Avellino oder Greco di Tufo. Einst als Begleitung von Fischgerichten, Antipasti und leichten Speisen gereicht, wetteifern sie heute mit den Rotweinen. Auch die Schaumweine, die heute beliebter sind denn je, wie Franciacorta, Prosecco und Malvasia werden nicht mehr nur zum Aperitif gereicht, sondern sind international gelistet.

Auflaufform
oder
Ofenform
Parmesanmesser
Teigrad
Nähnadel und
Faden für Braten
Nudelholz

Zitruspresse
Reibe
Schneebesen
Nudelsieb
Spatel (Pfannen-wender)

# FRISCHE PASTA MIT EI

1

2

3

4

1 Mehl auf die Arbeitsfläche häufen und in die Mitte eine Vertiefung drücken. Eier und einen Hauch Olivenöl in die Mulde geben.

2 Die Zutaten mit einer Gabel in das Mehl einarbeiten.

3 Zutaten mit beiden Händen zu einem glatten Teig kneten. Öfter platt drücken und wieder kneten, bis der Teig nicht mehr klebt. Dann eine Kugel formen.

4 Die Teigkugel nun in Mehl wälzen, in eine mit Mehl bestäubte Schüssel legen und mit Küchenfolie abdecken. 15–40 Minuten im Kühlschrank ruhen lassen.

# RISOTTO

60 g Butter
1 l heiße Gemüsebrühe
320 g Risottoreis
60 g geriebener Parmesan
20 g Zwiebeln

**1** Die Zwiebeln abschälen, fein schneiden und in einem Topf mit 20 g Butter anschwitzen.

**2** Nun den Reis dazugeben und einige Minuten unter ständigem Rühren anrösten.

**3** Wenn der Reis glasig ist, mit ein wenig heißer Gemüsebrühe ablöschen.

**4** Suppe aufgießen, bis der Reis bedeckt ist, dann unter ständigem Rühren einkochen lassen und wieder aufgießen.

**5-6** Reis vom Herd nehmen, restliche Butter und Parmesan einrühren

Der Reis kann nach dem Anrösten alternativ auch mit 1/8 l Wein abgelöscht werden.

# SALSA DI POMODORO – TOMATENSAUCE

**1** Die Zwiebel, die Möhre und den Sellerie in kleine Würfel schneiden.

**2** Die Tomaten entkernen und grob schneiden.

**3** Olivenöl erhitzen und das Gemüse sowie den Knoblauch darin anbraten.

**4** Nach 5 Minuten die Tomaten hinzufügen und mit Basilikum verfeinern.

**5-6** Ca. 20 Minuten köcheln, salzen, Knoblauch entfernen. Dann mit Hilfe einer Flotten Lotte passieren.

Um eine optimale Salsa di pomodoro zu erhalten, raten wir, immer nur feste und reife Früchte zu verwenden.

# SAUCE BOLOGNESE

1 Den Sellerie, die Möhre und die Zwiebel gemeinsam mit dem Bauchspeck klein schneiden.

2 Das Fleisch klein schneiden und mit der Messerspitze fein zerhacken.

3 Die frischen Kräuter mit einem Küchengarn zusammenbinden.

4 Butter und Öl in einem Topf erwärmen, dann das Gemüse, den Speck und die Kräuter beifügen und anrösten.

5 Das Fleisch mitrösten, die Tomaten beimengen. Mit Rotwein ablöschen und mit 1/8 Wasser aufgießen.

6 1 Stunde auf kleiner Flamme köcheln lassen. Danach die Kräuter entfernen. Salzen und pfeffern.

# PESTO GENOVESE

1 Das Basilikum gut waschen und mit Küchenpapier trocken tupfen.

2 Den Knoblauch schälen und fein hacken.

3 Die Basilikumblätter abpflücken und gemeinsam mit den Pinienkernen in einen Mörser geben.

4 Das Olivenöl, den gehackten Knoblauch und das grobkörnige Salz hinzufügen.

5 Danach den geriebenen Parmesan und den Pecorino dazugeben.

6 Nun alles gemeinsam mit dem Stößel zerstoßen, bis es eine cremige Masse ist.

# Norditalien

Eingebettet zwischen den Bergen und dem Meer entsteht die Küche des Nordens mit ihren vielfältigen Spezialitäten.

# MANGOLD-TARTE

**1** Den Mangold und den Spinat putzen, waschen und in reichlich Salzwasser kochen.

**2** Abseihen, mit kaltem Wasser abschrecken. Dann ausdrücken und mit einem scharfen Messer fein hacken.

**3** Für den Teig das Mehl aufhäufen, 80 g Butter, etwas warmes Wasser und Salz hinzufügen.

**4** Zu einem festen Teig kneten, eine Kugel formen und in Küchenfolie 1/2 Stunde im Kühlschrank ruhen lassen.

**5** In der Zwischenzeit den Speck, die Petersilie und die Jungzwiebeln fein hacken.

**6** Die restliche Butter erhitzen, die gehackten Zutaten mit Knoblauch und Muskat darin rösten.

7

8

9

10

11

12

**7** Den Mangold und den Spinat hinzufügen, 15 Minuten anschwitzen und den Knoblauch rausnehmen.

**8** Das Gemüse in eine Schüssel füllen und 7 EL geriebenen Parmesan unterheben. Salzen.

**9** Den Teig halbieren und dünn ausrollen. Eine Auflaufform einfetten und mit einer Teigplatte auslegen.

**10** Das Gemüse in die Form geben und mit der zweiten Teigschicht bedecken. Die Ränder ineinanderrollen. Teig mit einer Gabel einstechen.

**11** Eigelb, Wasser und Parmesan verrühren und den Teig damit bestreichen.

**12** Mit Fett-Stückchen belegen und bei 200 °C 30 Minuten backen.

# LASAGNE BOLOGNESE

1

2

3

4

1 In einem Topf die Milch mit einer Prise Salz und ein wenig geriebener Muskatnuss zum Kochen bringen.

2 In einem anderen Topf die Butter schmelzen und das gesiebte Mehl darin goldgelb anrösten. Nun die kochende Milch mit einem Schneebesen einrühren und zur Béchamelsauce einkochen.

3 Danach die Béchamelsauce in eine Schüssel leeren und mit einer Küchenfolie zudecken, damit sich keine Haut bilden kann.

4 Den Teig dünn ausrollen, in in Rechtecke (ca. 17 x 9 cm) schneiden und für einige Minuten in Salzwasser kochen.

5

6

7

8

**5** Den Boden einer feuerfesten Form mit etwas Béchamelsauce bestreichen.

**6** Diese mit einer ersten Schicht der gekochten Nudeln belegen. Achten Sie darauf, die Nudelblätter nicht über, sondern nebeneinander zu positionieren.

**7** Die Nudelschicht erneut mit einer Béchamelschicht bedecken und danach Sauce Bolognese darauf verteilen (siehe Seite 20).

**8** Es folgt Parmesan. Danach die Schichten zweimal wiederholen und das Ganze mit geriebenem Parmesan abschließen. Bei 160–170 °C backen, bis die Lasagne goldgelb ist.

# TORTELLINI IM EIGENEN SUD

**1** Für die Suppe das Gemüse säubern und klein schneiden.

**2** Das Rindfleisch mit einem scharfen Messer in kleine Stücke schneiden.

**3** Nun Fleisch, Knochen und Gemüse gemeinsam mit den Kräutern in 2 l Wasser zustellen.

**4** Die Suppe zum Kochen bringen, Hitze reduzieren, Schaum abschöpfen. 3 Stunden kochen lassen und filtern.

**5** Den Schweinebraten, die Mortadella und den Prosciutto fein hacken.

**6** Dann den Parmesan und das Ei unter die Masse heben und gut zu einer kompakten Masse verrühren.

7

8

9

10

11

12

**7** Die Fülle mit ein wenig Salz und Muskatnuss abschmecken.

**8** Den Nudelteig dünn ausrollen (siehe Seite 14) und in ca. 3 cm große Quadrate schneiden.

**9** Die Quadrate mit etwas Wasser bestreichen.

**10** Nun auf jedes Teigstück mit einem Spritzsack oder einem kleinen Löffel ein kleines Kügelchen der Fülle setzen.

**11** Dann zu einem Dreieck klappen, Ränder festdrücken und das Tortellino zusammenrollen. Mit Wasser zukleben.

**12** Abschließend die Pasta trocknen lassen und in der Suppe kochen. Mit Parmesan servieren.

# RAVIOLI NACH PIEMONTESER ART

**1** Olivenöl und 30 g Butter erhitzen. Knoblauch und Rosmarin darin anbraten.

**2** Das Fleisch hinzufügen und ca. 75 Minuten im Ganzen braten. Dazwischen mit Brühe aufgießen.

**3** Danach das Fleisch auskühlen lassen und fein hacken. 100 g davon wieder in die Pfanne geben.

**4** Inzwischen den Spinat in reichlich Salzwasser kochen, kalt abschrecken und ausdrücken.

**5** Dann den Spinat in einer Pfanne mit ca. 20 g zerlassener Butter schwenken und fein hacken.

**6** Das restliche fein gehackte Fleisch mit Spinat und Ei in einer Schüssel vermengen.

7

8

9

10

11

12

**7** Nun 6 EL geriebenen Parmesan, ein wenig geriebene Muskatnuss und etwas Pfeffer einrühren.

**8** Den Pastateig dünn ausrollen (siehe S.14) und die Masse mit Spritzsack oder Löffel daraufsetzen.

**9** Den Teig umschlagen und mit den Fingern die Zwischenräume und Ränder leicht andrücken.

**10** Mit einem Teigrad Ravioli abschneiden, ein Loch („Plin“) formen. Die Enden zudrücken. 2 Stunden trocknen lassen.

**11** Nun das in der Pfanne verbliebene Fleisch mit der restlichen Butter nochmals durchrösten.

**12** Die in Salzwasser 3–4 Min. gekochten Ravioli abseihen und in die Pfanne geben. Mit Parmesan servieren.

# PASTA MIT PESTO, GRÜNEN BOHNEN UND KARTOFFELN

1

2

3

4

1 Das Mehl mit etwas lauwarmem Wasser und Salz auf einer Arbeitsfläche zu einem glatten Teig vermengen.

2 Den Teig zu einer Kugel formen und mit einem Leinentuch bedeckt für 40 Minuten ruhen lassen.

3 Den Teig in erbsengroße Stücke schneiden und auf einer bemehlten Unterlage mit dem Zeige- und Mittelfinger rasch wälzen, bis kleine Spiralen (Trofie) daraus entstehen.

4 Während die Pasta ca. 1/2 Stunde trocknet, die Kartoffeln schälen, waschen und in kleine Würfel schneiden.

5

6

7

8

**5** Nun die grünen Bohnen putzen, die Enden entfernen und in kleine Stücke schneiden.

**6** Die Kartoffeln und grünen Bohnen in Salzwasser kochen.

**7** Nach einigen Minuten nun auch die Trofie hinzufügen und noch ein paar Minuten kochen lassen.

**8** Inzwischen das Pesto (siehe S. 22) mit etwas Kochwasser verdünnen. Die Pasta mit dem Gemüse abseihen und mit dem Pesto vermengen. Mit Parmesan verfeinern.

# SAFRANRISOTTO

1 Die Zwiebel schälen und auf einem Schneidbrett mit einem scharfen Messer fein schneiden.

2 Nun die Zwiebeln in einem Topf mit ein wenig Olivenöl und 40 g Butter anrösten.

3 Danach das Rindermark hinzufügen und durchrösten lassen.

4 Jetzt den Reis ca. 2 Minuten unter ständigem Umrühren mitrösten. Mit Weißwein ablöschen und verdunsten lassen.

5

6

7

8

**5** In einer kleinen Schüssel den Safran mit ca. 1 Kochlöffel voll warmem Wasser auflösen.

**6** Den Safran zum Reis hinzufügen und unter ständigem Rühren nach und nach mit der Gemüsebrühe aufgießen, bis die Flüssigkeit vom Reis aufgenommen wurde.

**7** Das Risotto ca. 18 Minuten auf diese Weise einkochen lassen und danach mit der restlichen Butter und dem Parmesan verfeinern.

**8** Abschließend das Risotto noch ein wenig ruhen lassen und dann mit Safranfäden angerichtet servieren.

# GNOCCHI AL POMODORO

1

2

3

4

**1** Die Kartoffeln ca 40 Minuten weich kochen, schälen und durch eine Kartoffelpresse pressen. Etwas ruhen lassen.

**2** Die Kartoffelmasse aufhäufen, in der Mitte eine Mulde machen und in diese Ei, Parmesan, Mehl, Muskatnuss sowie Salz geben.

**3** Das Ganze nun – erst mit einem Teigspachtel, dann mit den Händen – zu einem glatten Teig kneten.

**4** Nun den Teig portionieren und auf einem bemehlten Brett zu langen Rollen formen.

5

6

7

8

**5** Von den Teigrollen jetzt ca. 1 cm große Stücke abschneiden.

**6** Dann den Gnocchi durch das Aufdrücken der Zinken einer Gabel oder mit einem Reibeisen die klassische Form geben.

**7** Die Gnocchi einige Minuten lang in reichlich Salzwasser kochen, bis sie an die Oberfläche steigen.

**8** Abseihen und mit Tomatensauce anrichten. Mit frischem Basilikum und Parmesan servieren.

# BUCHWEIZENNUDELN AUS DEM VELTLIN

**1** Auf einer Arbeitsfläche die beiden Mehlsorten mit etwas Wasser und Salz vermengen.

**2** Das Ganze mit den Händen zu einem kompakten Teig verkneten.

**3** Den Teig zu einer Kugel formen und mit einem Leinentuch bedeckt für ca. 20 Minuten ruhen lassen.

**4** Nun den Teig ca. 2–3 mm dünn ausrollen und ca. 1/2 cm breite Tagliatelle daraus schneiden.

**5** Die Tagliatelle in ca. 7 cm lange Stücke unterteilen. Auf einem bemehlten Brett trocknen lassen.

**6** Die Kartoffeln schälen und in größere Würfel schneiden.

**7** Den Grünkohl (oder Spinat) putzen und klein schneiden.

**8** Den Käse in kleine Stücke schneiden. Den Knoblauch in etwas Butter anrösten.

**9** Kartoffeln und Gemüse ca. 5 Min. in Salzwasser kochen. Die Pasta dazugeben und mitkochen.

**10** Pasta und Gemüse abseihen. Einen Teil davon in eine feuerfeste Auflaufform geben.

**11** Mit Parmesan und Casera bestreuen, dann abwechselnd weitere Schichten darauflegen.

**12** Mit Käse und Butterflocken belegen, pfeffern und im Backofen einige Minuten gratinieren.

# KÜRBISRISOTTO ALLA MANTOVANA

**1** In einem Topf eine fein gehackte Zwiebel und die Knoblauchzehe in etwas Olivenöl goldgelb anbraten.

**2** Den Kürbis entrinden und entkernen und das Fruchtfleisch in große Stücke schneiden.

**3** Die Kürbisstücke nun im Topf mitrösten, salzen und pfeffern und mit etwas Weißwein ablöschen.

**4** In einem anderen Topf die andere fein gehackte Zwiebel in 2 EL Olivenöl anschwitzen, den Reis hinzufügen und für 2– 3 Minuten mitrösten lassen.

**5** Dann mit heißer Gemüsebrühe aufgießen und auf kleiner Flamme zugedeckt köcheln lassen.

**6** Wenn der Reis die gesamte Flüssigkeit aufgenommen hat, den gebratenen Kürbis hinzufügen.

**7-8** Zum Schluss die Butter, die gehackte Petersilie und den geriebenen Parmesan unterheben und servieren.

Dieses Rezept kann auch mit 100 g gebratenen Pilzen oder 200 g gebratener Salsiccia verfeinert bzw. angereichert werden.

# ITALIENISCHER RINDERBRATEN

**1** Das Fleisch mit einem scharfen Messer vom Fett befreien.

**2** Das Fleisch mit Küchengarn schnüren: Erst den Faden einmal um das Fleisch herumlegen und mit einem Knoten fixieren. Die gesamte Schnur mehrfach um das Stück herumwickeln und den Rest des Fadens der Länge nach festbinden.

**3** Das Fleisch mit fein geschnittenen Zwiebel-, Sellerie- und Möhrenstücken sowie der Zimtstange, den Gewürznelken, Pfeffer, Wacholderbeeren und Kräutern in eine Schüssel legen.

**4** Dann mit dem Rotwein aufgießen, sodass alles ganz bedeckt ist, und das Fleisch zugedeckt 12 Stunden in der Beize ziehen lassen.

**5** Die Marinade abgießen und das Fleisch beiseitelegen. Den Rest (das gehackte Gemüse und die Gewürze) in etwas Olivenöl anbraten.

**6-7** Jetzt das Fleisch und die Marinade dazugeben und ca. 1,5 Stunden kochen lassen. Nach der halben Kochzeit mit Salz abschmecken.

**8** Das Fleisch herausnehmen und aufschneiden. Das Gemüse pürieren und mit einer leichten Mehlschwitze binden. Das Fleisch mit der Sauce anrichten. Dazu Polenta reichen.

Für die Mehlschwitze (Roux, Einbrenn) 30 g Butter und 25 g Mehl miteinander verkochen. Der piemontesische Rinderbraten wird mit Barolo zubereitet.

# VITELLO TONNATO ALLA PIEMONTESE

1

2

3

4

**1** Die Kalbsnuss (Keule) in einem Topf mit 3 EL Olivenöl leicht anbraten.

**2** Wenn das Fleisch von allen Seiten goldbraun angebraten ist, die fein geschnittenen Zwiebeln und Möhren, den Sellerie, sowie das Lorbeerblatt und den Knoblauch (mit Schale) hinzufügen.

**3** Mit Weißwein ablöschen. Salzen, pfeffern und bei 150 °C für ca. 1 Stunde in den Backofen schieben. Danach den Bratensaft abseihen und in einer Schüssel beiseitestellen.

**4** 5 Tropfen Weißweinessig, Salz und Pfeffer und die Eigelbe mit dem Stabmixer aufschäumen. Danach 500 ml Olivenöl hinzufügen und weitermixen.

5

6

7

8

**5** Nun den Thunfisch und die Sardellen abtropfen lassen und pürieren. Dann gemeinsam mit 2 EL ebenfalls abgetropften Kapern zur Mayonnaise geben.

**6** Danach den Bratensaft hinzufügen und alles gut vermischen.

**7** Das Fleisch mit einem scharfen Messer in dünne Scheiben schneiden und auf einer flachen Servierplatte anrichten.

**8** Zum Schluss die Thunfischsauce darüber gießen und mindestens 1 Stunde im Kühlschrank ruhen lassen. Vor dem Servieren mit den übrigen Kapern garnieren.

# KÄSE-FONDUE

Weißbrot
1 EL Butter
400 g Fontina-Käse
1 Knoblauchzehe
1/4 l Milch
4 Eigelb
Salz

1 Den Fontina-Käse in Würfel schneiden und mit einer zerdrückten Knoblauchzehe in einen Topf geben.

2 Dann die kalte Milch hinzufügen und 2 Stunden an einem kühlen Ort stehen lassen.

3 Etwas Butter hinzufügen, auf kleiner Flamme köcheln lassen. Wenn der Käse Fäden zieht, das Eigelb dazugeben.

4 Das Gemisch aus Eiern, Butter und Käse schnell mit einem Schneebesen verrühren.

5 Salzen und in der Zwischenzeit das in Scheiben geschnittene Weißbrot toasten.

6 Sobald das Fondue cremig ist, in Schüsseln gießen und mit getoastetem Weißbrot servieren.

# GEFÜLLTE KALBSBRUST ALLA GENOVESE

**1** Die getrockneten Pilze in einer kleinen Schüssel in warmem Wasser einweichen.

**2** In einer anderen Schüssel die Brotkrume in der Milch einweichen.

**3** Die Eier in eine große Schüssel geben und mit dem Schneebesen aufschlagen.

**4** Olivenöl erhitzen und darin die geschnittene Zwiebel, den geschälten Knoblauch sowie die Möhrenstücke anbraten.

**5** Die aufgeweichten und gut ausgedrückten Pilze hinzufügen.

**6** Das Hackfleisch ebenfalls in den Topf geben und gut durchbraten.

**7** Dann die Erbsen, die schaumig gerührten Eier sowie ein wenig geriebenen Parmesan dazugeben.

**8** Die eingeweichte und ausgedrückte Brotkrume beifügen, mit geriebener Muskatnuss abschmecken.

**9** Salzen und mit Weißwein ablöschen. Die Pinienkerne und fein gehackte Petersilie dazugeben.

**10** Nun eine Tasche ins Fleisch schneiden und mit der Masse füllen. Mit Nadel und Küchengarn zunähen.

**11** Die Kalbsbrust nun in einen Topf mit warmer Gemüsebrühe legen und auf kleiner Flamme 2 Stunden köcheln lassen.

**12** Fleisch aus der Suppe nehmen, abkühlen lassen, damit die Flüssigkeit abrinnen kann. In Scheiben geschnitten kalt servieren.

# KALBSKOTELETTS ALLA MILANESE

**1** Zu allererst mit einem scharfen Messer die Knochen vom Fleisch lösen.

**2-3** Das Fleisch panieren: Erst in Mehl, dann in verquirltem Ei und zum Schluss in Semmelbröseln wenden.

**4** Die Schnitzel mit einem Messer einschneiden, damit die Panier besser hält.

**5** Die Butter auf 80 °C erhitzen, abkühlen. Molke abschöpfen. Danach wieder erhitzen und die Koteletts auf jeder Seite für 3 Minuten frittieren.

**6** Auf einem Küchenpapier abtropfen lassen. Noch heiß servieren.

Gereinigte Butter (Butterschmalz) eignet sich sehr gut zum Frittieren, da sie auch hohen Temperaturen standhält.

# STOCKFISCH VICENTINA MIT POLENTA

1

2

3

4

**1-2** Den Fisch mit Hilfe einer Pinzette entgräten, waschen, trocken tupfen und in ca. 15 cm lange Stücke schneiden.

**3** Zwiebel, Petersilie und die abgetropften Sardellen fein hacken und in einer kleinen Schüssel mit dem Parmesan vermischen.

**4** Nun den Stockfisch in Mehl wälzen und damit den Boden einer Pfanne auslegen. Salzen, pfeffern und einen Teil der vorbereiteten Gewürzpaste darauf verteilen.

Dank ihrer thermischen Eigenschaften sind Tontöpfe am besten geeignet für lange Kochzeiten bei gleichbleibender Temperatur.

**5** Mit Olivenöl und Butterflocken abrunden, dann wieder eine Schicht Stockfisch und die Gewürzpaste darauflegen. Mit ein paar Butterflocken abschließen.

**6** 10 Minuten köcheln lassen, dann die erwärmte Milch und reichlich Olivenöl darübergießen. Für weitere 4 Stunden auf kleinster Flamme ohne Deckel köcheln lassen.

**7** Für die Polenta 1 l Wasser zum Kochen bringen, salzen und den Maisgrieß nach und nach mit einem Schneebesen einrühren, damit keine Klumpen entstehen.

**8** Die Polenta 40 Minuten lang unter ständigem Rühren mit einem Kochlöffel weiterkochen. Den Stockfisch mit der heißen Polenta gemeinsam servieren.

# KÄSE-KARTOFFEL-GRATIN

**1** Kartoffeln schälen und in dünne Scheiben schneiden (oder alternativ grob reiben).

**2** Die Zwiebel fein hacken und den Montasio auf einer groblöchrigen Käsereibe reiben.

**3** Etwas Olivenöl erhitzen, die Zwiebel darin anschwitzen. Dann die Kartoffeln dazugeben goldgelb anbraten.

**4** Nun den geriebenen Käse hinzufügen, umrühren. Den Käse-Kartoffel-Fladen in Form eines Pfannkuchens bringen.

**5** Den Fladen auf beiden Seiten goldbraun braten. Salzen und pfeffern.

**6** Nun das überschüssige Fett abgießen. Weiterbraten, bis sich eine goldgelbe Kruste bildet. Heiß servieren.

# TORTA RUSTICA MIT BUCHWEIZEN

1

2

3

4

1 Die weiche Butter und den Kristallzucker in einer Schüssel vermengen.

2 Die Eier trennen, das Eigelb und die Vanilleessenz hinzufügen und zu einer cremigen Masse miteinander verrühren.

3 Die beiden Mehlsorten und die Hefe in die Creme sieben und gut verrühren, damit keine Klumpen entstehen.

4 Nun das Eiweiß mit einem Mixer in einer separaten Schüssel zu Schnee schlagen.

**5** Den Eischnee nun vorsichtig unter die Creme heben, damit die Masse locker bleibt.

**6** Eine Tortenform von 24–26 cm Durchmesser mit Butter einfetten und mit Mehl stauben. Danach den Teig einfüllen und bei 180 °C mindestens 30 Minuten backen.

**7** Den Kuchen aus dem Backofen nehmen und in der Form auskühlen lassen. Danach horizontal in zwei gleiche Hälften schneiden.

**8** Mit Preiselbeermarmelade füllen und mit Puderzucker bestreuen. Fertig.

# Mittelitalien

Eine kulinarische Tradition, die mit ihrem Reichtum und ihrer Erfindungsgabe überrascht.

# FISCHSUPPE ALL'ANCONETANA

1

2

3

4

5

6

**1** Den Fisch putzen, waschen, abtrocknen und in Stücke schneiden.

**2** Die Fischstücke auf einen Teller legen und salzen.

**3** Die Zwiebel schälen und in Scheiben schneiden.

**4** Das Olivenöl erhitzen und die Zwiebeln sowie den zerdrückten Knoblauch darin goldgelb anrösten.

**5** Danach mit Weißweinessig ablöschen.

**6** Den Essig verdunsten lassen und die fein gehackte Petersilie dazugeben.

7 Ein paar EL Tomatensauce und etwas Tomatenmark untermischen und mit etwas Salzwasser verdünnen.

8 Jetzt die Tintenfische hinzufügen, die zugedeckt ca. 15 Minuten auf kleiner Flamme kochen müssen.

9 Wenn das Sugo einzukochen beginnt, auch den übrigen Fisch dazugeben und in der Zwischenzeit die Brotscheiben rösten.

10 Die Suppe weitere 15 Minuten köcheln lassen, bis das Sugo eindickt. Dann die Suppe auf einem tiefen Teller anrichten und mit den getoasteten Brotscheiben servieren.

# PANZANELLA – BROTSALAT

1

2

3

4

1 Das Brot in kleine Stücke brechen und in einer Schüssel mit kaltem Wasser einweichen.

2 Die Zwiebel ganz dünn schneiden und ebenfalls in kaltes Wasser legen, um den scharfen Geschmack zu beseitigen.

3 Mit einem scharfen Messer die Tomaten von den Kernen befreien und in große Stücke schneiden.

4 Die Gurke waschen, schälen und danach ganz dünn aufschneiden.

5

6

7

8

**5-6** Nun das Brot gut ausdrücken und mit den Händen in eine große Schüssel zerkrümeln. Dann die geschnittenen und eingeweichten Zwiebeln ausdrücken und dazugeben.

**7** Als Nächstes die geschnittenen Tomaten und die Gurke sowie etwas frisches Basilikum hinzufügen.

**8** Den Brotsalat mit reichlich Olivenöl und etwas Weißweinessig marinieren, eine halbe Stunde ziehen lassen und servieren.

Wenn Sie einen delikateren Essig wünschen, können Sie auch Apfelessig an der Stelle des Weißweinessigs verwenden.

# RIBOLLITA – TOSKANISCHE GEMÜSESUPPE

1 Die Bohnen über Nacht einweichen. Dann 1 Stunde lang in reichlich Salzwasser mit dem Lorbeer kochen.

2 Die drei Kohlarten putzen und in Streifen schneiden.

3 Die fein gehackte Zwiebel in Olivenöl anrösten. Möhren und Kartoffeln in Würfel schneiden und hinzufügen.

4 Jetzt die drei Kohlsorten und die würfelig geschnittenen Tomaten in den Topf geben.

5 Die Bohnen hinzufügen und mit deren Kochwasser bedecken. Salzen und pfeffern.

6 Für 45 Minuten köcheln lassen. Wenn nötig, Wasser hinzufügen. Mit Parmesan servieren.

# KRÄFTIGE TOMATENSUPPE

1 Das altbackene Brot in ein paar Zentimeter dicke Scheiben schneiden.

2 Die Weißbrotscheiben in einer Schüssel mit Wasser einweichen.

3 Den Sellerie, die Möhre und die Zwiebel putzen und mit einem scharfen Messer fein hacken.

4 Etwas Olivenöl in einem Topf erhitzen und das gehackte Gemüse darin anbraten.

**5** Die passierten Tomaten hinzufügen und auf kleiner Flamme zugedeckt für 15 Minuten etwas köcheln lassen.

**6** Das eingeweichte Brot ausdrücken, zerbröseln und ebenfalls in den Topf geben. Gut umrühren und weitere 10 Minuten kochen lassen, damit sich das Brot mit der Flüssigkeit verbindet.

**7** Nun die Knoblauchzehe zerdrücken und zur Tomatensuppe geben. Mit ein paar Blättern frischem Basilikum verfeinern.

**8** Den Topf vom Herd nehmen und mit reichlich Olivenöl und Salz abschmecken. Die Tomatensuppe nun für 1 Stunde ruhen lassen und servieren.

# DINKEL-KARTOFFEL-EINTOPF

1 Die Kartoffeln schälen, waschen und mit einem scharfen Messer in kleine Würfel schneiden.

2 In einem Topf Olivenöl erhitzen und darin die fein gehackte Zwiebel und den klein geschnittenen Sellerie goldgelb rösten.

3 Danach den in Würfel geschnitten Speck hinzufügen.

4 Leicht anrösten lassen und die Kartoffeln hinzufügen.

5

6

7

8

5 Die geschälten Tomaten ebenfalls in Würfel schneiden, hinzufügen und salzen.

6 Mit reichlich Wasser aufgießen und zum Kochen bringen.

7 Nun den gewaschenen Dinkel dazugeben und ca. 1 Stunde kochen lassen. Dabei ab und zu umrühren. Falls nötig mit etwas Wasser aufgießen.

8 Wenn das Getreide weich gekocht ist, mit etwas geriebenem Pecorino und gehackter Petersilie bestreuen. Heiß servieren.

# SPAGHETTI CARBONARA

1

2

3

4

1 Mit einem scharfen Messer den Speck in kleine Stückchen schneiden.

2 Dann die Speckwürfel in eine Pfanne geben und auf kleiner Flamme langsam auslassen, bis er glasig wird. Danach den Herd abdrehen.

3 Inzwischen die Eier mit einem Schneebesen in einer Schüssel schaumig rühren.

4 Den geriebenen Pecorino-Käse hinzufügen.

5

6

7

8

**5** Die Eier salzen und großzügig pfeffern.

**6-7** Inzwischen die Spaghetti in reichlich Salzwasser al dente koche und abseihen. Ein wenig Kochwasser für später aufheben. Nun die Pasta zum Speck in die Pfanne geben.

**8** Am Schluss die Eier hinzufügen und rasch unter die Spaghetti heben, bis die Sauce cremig ist und sich mit der Pasta verbindet. Falls nötig etwas von dem Kochwasser hinzufügen.

Man kann auch nur 2 Eier verwenden und dafür Sahne (Obers) dazugeben. Außerdem kann man den Pecorino durch Parmesan ersetzen.

# TONNARELLI MIT PECORINO UND FRISCHEN ZUCKERSCHOTEN

1 Die Bohnen der Zuckerschoten 1 Minute in siedendem Wasser abbrühen und mit der Schöpfkelle abseihen.

2 Nun die Haut von den Bohnen entfernen und die Bohnen zur Seite stellen.

3 Das Olivenöl in einer Pfanne erhitzen und den zerdrückten Knoblauch darin anbraten.

4 Dann die Bohnen dazugeben und auf großer Flamme einige Minuten lang scharf anbraten.

**5** Inzwischen die Pasta in reichlich Salzwasser al dente kochen.

**6** Die Nudeln abseihen und in die Pfanne zu den Bohnen geben. Falls nötig ein wenig Kochwasser zurückbehalten.

**7** Die Tonnarelli pfeffern und bei Bedarf mit etwas Kochwasser befeuchten.

**8** Nun die Flamme abdrehen, den geriebenen Parmesan hinzufügen, gut vermischen und mit ein paar Blättern frischer Minze verfeinern.

# FRISCHE PASTA ALLA NORCINA

1 Das Mehl auf einem Brett aufhäufen, lauwarmes Wasser und Salz hinzufügen und zu einem Teig kneten.

2 Eine Kugel aus dem Teig formen, mit einem Leinentuch bedecken und 30 Minuten ruhen lassen.

3 Nun den Teig 3 mm dünn und 30 cm breit ausrollen. Trocknen lassen und zusammenrollen.

4 Dann die Teigrollen mit einem Messer in viele kleine 3–4 mm breite Streifen schneiden.

5 Die Teigstreifen auf einem bemehlten Brett auseinanderbreiten, damit sie nicht zusammenkleben.

6 In einer Pfanne das Olivenöl erhitzen und die zerdrückte Knoblauchzehe darin anrösten.

**7** Danach die abgeschälte und zerkleinerte Salsiccia in die Pfanne geben und mitbraten. Ab und zu umrühren.

**8** Mit Weißwein ablöschen und auf kleiner Flamme verdunsten lassen.

**9** Die fein gehackte Petersilie gemeinsam mit der Sahne und etwas Pfeffer hinzufügen. Nach 1 Minute vom Feuer nehmen.

**10** Abschließend die in Salzwasser al dente gekochten Strangozzi abseihen und in der Pfanne mit der Salsiccia vermischen. Heiß servieren.

# GNOCCHI ALLA ROMANA

1 Die Milch und 50 g Butter mit einer Prise Salz in einem Topf erwärmen.

2 Zum Kochen bringen, den Grieß mit einem Schneebesen einrühren und 10 Minuten köcheln lassen.

3 Topf vom Herd nehmen und 20 g Parmesan sowie 2 Eigelb unterheben.

4 Die heiße Grießmasse auf ein leicht befeuchtetes Backblech streichen und erkalten lassen.

5 Dann mit einem Glas kleine Scheiben ausstechen und auf ein eingefettetes Backblech legen.

6 Mit Parmesan bestreuen und Butter bestreichen. Dann 20–25 Minuten bei 200 °C im Ofen backen.

# BUCATINI ALL'AMATRICIANA

1 Die Tomaten in Hälften schneiden, die Kerne entfernen und mit einem Stabmixer pürieren.

2 Die Zwiebel schälen und fein hacken, dann in einer Pfanne mit heißem Olivenöl bei kleiner Flamme anschwitzen.

3 Den Speck in feine Streifen schneiden, ebenfalls in die Pfanne geben und einige Minuten anbraten.

4 Nun die Tomatensauce hinzufügen und salzen.

**5** Das Ganze mit fein gehacktem Chili würzen und auf kleiner Flamme einkochen lassen.

**6** Inzwischen die Bucatini in reichlich Salzwasser al dente kochen und abseihen.

**7** Nun die Pasta in der Pfanne unter das Sugo heben.

**8** Abschließend mit reichlich geriebenem Pecorino verfeinern und gut vermischen, damit sich die Aromen miteinander verbinden können. Sofort servieren.

# CACCIUCCO – ITALIENISCHE FISCHSUPPE

**1** Sellerie, Möhre und Zwiebel klein schneiden und (bei Bedarf) mit Lorbeer in Wasser ca. 40 Minuten kochen.

**2** Knoblauch, Chili und etwas Salbei in Olivenöl anbraten. Mit Rotwein ablöschen.

**3** Nun Gewürze entfernen und den in Stücke geschnittenen Oktopus darin anbraten.

**4** Nach 20 Minuten die klein geschnittenen Tintenfische hinzufügen und mit dem restlichen Rotwein aufgießen.

**5** Jetzt die geschälten Tomaten samt Saft hinzufügen und auf kleiner Flamme köcheln lassen.

**6** Nun den in Stücke geschnittenen Schwertfisch dazugeben. Bei Bedarf mit Suppe aufgießen.

7

8

9

10

**7** Die Kabeljau-Filets einlegen und bei Bedarf wieder mit etwas Suppe aufgießen, da das Gericht sehr flüssig sein muss.

**8** Die Miesmuscheln waschen gut mit einem Messer putzen, um alle Unreinheiten zu entfernen.

**9** Die Muscheln in etwas Olivenöl mit Knoblauch anbraten. Zudecken, bis sie sich öffnen. Das Ganze samt dem gefilterten Sud in die Suppe geben. (Muscheln, die geschlossen bleiben, entfernen.)

**10** Zum Schluss die Krustentiere hinzufügen und weitere 8–10 Minuten kochen lassen. Mit Salz abschmecken und servieren.

# WILDSCHWEIN ALLA CACCIATORA

1 Das Wildschweinfleisch 3 Stunden lang in 1/2 l Rotwein einlegen (beizen).

2 Möhre, Sellerie, Zwiebel, Knoblauch, Speck und Kräuter fein hacken.

3 Das Gemüse-Speck-Gemisch nun in einem Topf in etwas Olivenöl anbraten.

4 Jetzt das Fleisch beigeben und auf kleiner Flamme langsam von allen Seiten gut anbraten lassen.

5 Mit dem restlichen Rotwein ablöschen, salzen und pfeffern und das Fleisch weich kochen.

6 Zum Schluss für den Geschmack die Oliven hinzufügen. Heiß mit Polenta servieren.

# GESCHMORTES HÄHNCHEN

1

2

3

4

1 Das Hähnchen samt Haut in große Stücke zerteilen.

2 Die Tomaten waschen und zerteilen.

3 Dann in einem Topf 2 Knoblauchzehen und den Rosmarin in Olivenöl rasch anbraten.

4 Nach einigen Minuten die Hähnchenteile dazugeben und auf großem Feuer einige Minuten von allen Seiten gut anbraten.

**5** Salzen, mit Weißwein ablöschen und auf großer Flamme einkochen.

**6** Wenn der Wein verdampft ist, die geschnittenen Tomaten hinzufügen.

**7** Zudecken und 35 Minuten schmoren, danach den Deckel abnehmen und die Bratensauce einkochen lassen. Backofen auf 180 °C vorheizen.

**8** Salzen, pfeffern und 15 Minuten im Backofen braten, bis sich eine goldgelbe Kruste gebildet hat.

# BOCCONOTTI – GEFÜLLTE MÜRBTEIGTÄSCHCHEN

1 Butter mit Zucker vermischen. Danach Ei, Hefe, Milch, Mehl und geriebene Zitronenschale hinzufügen.

2 Zu einem kompakten Teig verarbeiten und mit Küchenfolie 30 Minuten kühl ruhen lassen.

3 Nun die Mandeln 5 Minuten bei 150 °C im Backofen rösten und danach fein hacken.

4 Die Schokolade zerkleinern, etwas Wasser hinzufügen und im Wasserbad schmelzen.

5 Danach das Eigelb unter die Schokolade heben und weiterhin im Wasserbad lassen.

6 Jetzt noch die gehackten Mandeln unterheben und alles gut vermischen.

7

8

9

10

11

12

**7** Sobald die Masse eingedickt ist, mit gemahlenem Zimt abschmecken und nochmals umrühren.

**8** Jetzt den Teig dünn ausrollen und mit einem Ausstecher oder Glas Kreise ausstechen.

**9** Teigscheiben in eine ausgefettete Backform legen. Überschüssigen Teig wegschneiden und aufheben.

**10** Alle Förmchen mit Creme befüllen.

**11** Jedes Förmchen mit einer dünnen Schicht Mürbteig verschließen.

**12** Die Ränder mit einer Gabel verzieren, danach bei 200 °C 15–20 Minuten lang im Ofen backen.

# ZARTE MANDELKÜCHLEIN

1

2

3

4

1 Am Vorabend das Eiweiß und ein paar Tropfen Zitronensaft mit dem Mixer zu einem festen Schnee schlagen.

2 Mit einem Schneebesen 200 g Puderzucker und das Mandelmehl unterheben.

3 Dann das Bittermandelaroma, das Vanillemark und die geriebene Orangenschale hinzufügen.

4 Die Schüssel mit Küchenfolie abdecken und für eine Nacht (oder mindestens 4 Stunden) im Kühlschrank ruhen lassen.

5

6

7

8

**5** Am nächsten Tag ca. 20 ovale Stücke (7 x 4 cm) – evtl. mit Hilfe eines Keksausstechers – aus der Oblate ausschneiden.

**6-7** Ein Schneidbrett mit Puderzucker bestreuen, dann die Oblaten mit der kühl gestellten Mandelmasse bestreichen und mit 5 mm Puderzucker bestreuen.

**8** Danach die Ricciarelli auf einem Backblech mit Backpapier verteilen und bei 160 °C mit Umluft 18 Minuten lang backen.

Die Ricciarelli sind fertig, wenn sich auf der Zuckerschicht eine Kruste bildet. Aufpassen, dass die Kekse bei zu langer Backzeit nicht im Backofen verbrennen.

# Süditalien

Die große Küche des Südens besteht aus Festtagsspeisen und bunten Rezepten, welche unvergessliche Aromen und Geschmacksrichtungen auf den Tisch bringen.

# FRISELLE MIT SARDINEN UND TOMATEN

1 Die Friselle (oder Bagels) 1 Minute in kaltem Wasser einweichen, abtropfen lassen, mit Essig bespritzen.

2 Die Tomaten in Hälften und die Jungzwiebeln in dünne Scheiben schneiden.

3 Nun die Oliven abseihen und in kleine Ringe schneiden

4 Die Sardellen abtropfen lassen und klein hacken.

5 Danach die Tomaten und Zwiebeln auf dem Brot verteilen und etwas mit den Fingern andrücken.

6 Zum Schluss mit Sardinen, Oliven und zerriebenen Chilis belegen. Mit Oregano abschmecken.

# PACCHERI ALLA SORRENTINA

1 Den Mozzarella klein schneiden zum Abtropfen auf einen Teller legen und in den Kühlschrank stellen.

2 Die Tomaten mit heißem Wasser abbrühen und schälen.

3 Dann die Tomaten entkernen und in kleine Stücke schneiden.

4 Knoblauch in Olivenöl goldgelb anbraten, danach entfernen und die Tomaten hinzufügen. 15 Minuten köcheln lassen.

5 Mit frischem Basilikum, getrocknetem Oregano, Salz und Pfeffer würzen. Weitere 5 Minuten kochen lassen.

6 In der Zwischenzeit die Pasta in reichlich Salzwasser al dente kochen und abseihen.

7

8

9

10

**7** Danach eine feuerfeste Form mit Olivenöl einstreichen, einen Teil der Nudeln hineinlegen und mit einigen Stücken Mozzarella bestreuen.

**8** Mit Tomatensauce übergießen und mit geriebenem Parmesan bestreuen.

**9** Eine weitere Schicht Pasta darauflegen und wieder mit Mozzarella, Tomatensauce und Parmesan bedecken. Dann bei 200 °C 10 Minuten im Backofen überbacken.

**10** Nach dem Backen einige Minuten ruhen lassen und noch heiß servieren.

# DITALINI MIT MIESMUSCHELN UND WEISSEN BOHNEN

1

2

3

4

5

6

1 Die Bohnen auslösen und 45 Minuten in reichlich Salzwasser kochen.

2 Miesmuscheln waschen und mit einem Messer putzen, um sie von Unreinheiten zu befreien.

3 Die Muscheln in etwas Olivenöl zugedeckt dünsten lassen, bis sie sich öffnen.

4 Nun die Muscheln entfernen, die sich nicht geöffnet haben. Das Fleisch aus den offenen Muscheln zur Seite stellen.

5 Danach den Muschelsud durch ein Haarsieb seihen, um die Unreinheiten zu beseitigen.

6 Jetzt die Tomaten waschen und in kleine Stücke schneiden.

**7** Dann den Knoblauch in etwas Olivenöl anbraten. Sobald er goldgelb ist, herausnehmen und die gehackte Petersilie und Chilischote sowie die Tomatenstücke hinzufügen.

**8** Die gekochten Bohnen dazugeben. Mit etwas Muschelsud aufgießen und weitere 30 Minuten auf kleiner Flamme kochen.

**9** Nun die Pasta in reichlich Salzwasser al dente kochen und abseihen.

**10** Die Nudeln in die Muschel-Bohnen-Sauce geben, alles gut umrühren und servieren.

# ZITI ALLA NAPOLETANA

1 Den Speck in Streifen schneiden und das Fleisch damit spicken.

2 Das Fleisch in einen tiefen Topf mit Olivenöl legen, mit gehacktem Rosmarin sowie Petersilie bestreuen.

3 Fett dazugeben und das Fleisch von allen Seiten anbraten, bis es eine goldene Kruste hat.

4 Mit 1/8 l Rotwein ablöschen, die fein geschnittenen Zwiebeln hinzufügen und auf kleiner Flamme dünsten.

5 Danach mit 1/8 l Rotwein aufgießen, die Flamme größer drehen und ein wenig Tomatenmark hinzufügen.

6 Die passierten Tomaten dazugeben und köcheln lassen. Bei Bedarf umrühren und mit Wasser aufgießen.

**7** Das Fleisch auf diese Weise auf kleinster Flamme 2 Stunden lang (bzw. bis es weich ist) köcheln lassen, bis das Sugo dicklich ist. Dann salzen, pfeffern und den Herd abdrehen.

**8** Nun das Fleisch herausnehmen und die Knochen auslösen. Danach wieder in die Sauce legen. Mit etwas Basilikum und ggf. noch etwas Pfeffer verfeinern.

**9** In der Zwischenzeit die Ziti in reichlich Salzwasser al dente kochen und abseihen.

**10** Danach die Pasta in den Topf zum Sugo geben und etwas geriebenen Pecorino unterheben. Mit einem Basilikumblatt garniert servieren.

# TIELLA BARESE – AUFLAUF MIT REIS, KARTOFFELN UND MIESMUSCHELN

**1** Miesmuscheln waschen, putzen und in Olivenöl mit etwas Knoblauch zugedeckt anbraten, bis sie sich öffnen.

**2** Die Kartoffeln waschen, schälen und in dicke Scheiben schneiden.

**3** Die Zwiebel und die Petersilie mit einem scharfen Messer fein hacken.

**4** Die Miesmuscheln, die sich nicht geöffnet haben, entfernen und das Fleisch aus den offenen auslösen.

**5** Den Muschelsud durch ein Haarsieb seihen, um die Unreinheiten zu beseitigen.

**6** Ausgefettete Backform mit Kartoffelscheiben auslegen, pfeffern, mit gehackter Zwiebel und Petersilie bestreuen.

**7** Nun die Kartoffeln mit gewaschenem rohen Reis bedecken.

**8** Dann wieder Muscheln, Reis, Kartoffeln, gehackte Petersilie und Zwiebeln übereinanderschichten.

**9-10** Salzen, pfeffern, mit Öl beträufeln und Muschelsud übergießen, bis der Reis ganz bedeckt ist.

**11** Bei 180 °C 45 Minuten im Ofen backen. Mit Parmesan, Semmelbröseln und gehackter Petersilie bestreuen.

**12** Im Backofen nochmals bei 200 °C einige Minuten lang gratinieren und heiß servieren.

Bei der traditionellen Tiella werden die Zutaten in der Pfanne roh aufeinandergeschichtet.

# FILEJA ALLA 'NDUJA – PASTA MIT SCHARFER KALABRISCHER ROHWURST

1

2

3

4

5

6

1 Den Hartweizengrieß aufhäufen und eine Mulde formen. Warmes Wasser und etwas Salz hinzufügen.

2 Mit den Händen zu einem kompakten Teig kneten, bei Bedarf noch etwas Wasser hinzufügen.

3 Teig mit Küchenfolie bedecken, ruhen lassen. Danach in ca. 5 mm dicke Streifen schneiden.

4 Die Streifen längs mit einem Holzstäbchen hin- und herrollen, bis die typische Form mit dem Spalt entsteht.

5 Die ’nduja abschälen und das Brät mit einer Gabel zerdrücken.

6 Die Zwiebel in Scheiben schneiden.

**7** Nun die Zwiebel in einer Pfanne mit etwas Olivenöl ca. 6 Minuten anbraten. Mit 2–3 EL Wasser aufgießen.

**8** Dann die ʼnduja in kleinen Stücken hinzufügen, mit etwas Wasser aufgießen und umrühren, bis die Wurst sich auflöst.

**9** Danach die passierten Tomaten hinzufügen und auf kleiner Flamme 15 Minuten köcheln lassen. Mit Basilikum verfeinern.

**10** In der Zwischenzeit die Pasta 11 Minuten in reichlich Salzwasser kochen und abseihen. Die Nudeln in der Pfanne unter die Sauce heben. Mit geriebenem Pecorino servieren.

# ORECHIETTE PUGLIESI MIT ITALIENISCHEM BROKKOLI

1

2

3

4

5

6

1 Teig zu länglichen Stangen formen, in 1/2 cm breite Stücke schneiden. Diese danach zu Orecchiette platt drücken.

2 Den Brokkoli gut waschen und putzen, sodass nur die Blätter übrig bleiben.

3 Danach das Gemüse und die Nudeln gemeinsam in reichlich Salzwasser kochen.

4 Währenddessen in einer Pfanne Olivenöl erhitzen und den zerdrückten Knoblauch darin goldgelb anbraten.

5 Die abgetropften Sardellen hinzufügen, mit Wasser aufgießen und zu einer cremigen Sauce verkochen.

6 Jetzt auch die gehackte Chilischote dazugeben.

7

8

9

10

**7** Inzwischen in einer Schüssel die Brotkrume zerkleinern.

**8** Die daraus gewonnenen Brotbrösel mit etwas Olivenöl in einer Pfanne goldgelb rösten.

**9** Die Pasta mit dem Gemüse abseihen und zu der Sardellencreme in die Pfanne geben.

**10** Abschließend die gerösteten Brotbrösel darüberstreuen und gut umrühren. Die Orecchiette nach Belieben mit weiterem Chili servieren.

# AUBERGINENAUFLAUF

1 Die Auberginen waschen, putzen und der Länge nach in 1 cm dicke Scheiben schneiden.

2 Diese nun salzen, um das Wasser zu entziehen, und für 1 Stunde im Nudelsieb abrinnen lassen.

3 Olivenöl in einer Pfanne erhitzen und die Zwiebel darin goldgelb anbraten.

4 Mit Basilikum verfeinern und salzen.

5 Das Sugo nun mit einem Stabmixer pürieren.

6 Die Auberginen trocken tupfen, in heißem Öl frittieren und auf Küchenpapier abtropfen lassen.

7

8

9

10

11

12

**7** Die Mozzarella abtropfen lassen und in Scheiben schneiden.

**8** Olivenöl in eine feuerfeste Auflaufform geben und etwas Tomatensugo darin verteilen.

**9** Dann eine Schicht der frittierten Auberginen darauflegen und diese mit Sugo bedecken.

**10** Danach die Mozzarellascheiben darauflegen und das Ganze mit Parmesan bestreuen.

**11** Nun abwechselnd Auberginen, Mozzarella, Sugo und Parmesan übereinanderschichten.

**12** Mit einer Mozzarella-Schicht abschließen. Im Backrohr 25 Minuten bei 180 °C backen.

# GOLDBRASSE IN TOMATENSUD

**1** Die Goldbrasse am Bauch aufschneiden, ausnehmen, putzen und waschen.

**2** Den Fisch filetieren und das Fleisch vorsichtig einschneiden, um die Garung zu beschleunigen.

**3-4** In einer Pfanne etwas Olivenöl erhitzen und die zerdrückte Knoblauchzehe darin rösten. Dann den Fisch dazugeben und 4–5 Minuten braten. Mit Weißwein ablöschen.

Filetieren bedeutet, den Fisch von den Gräten im Inneren und an den Seiten zu befreien. Man kann den Fisch aber auch gleich beim Fischhändler ausnehmen und filetieren lassen.

**5** Nun den Fisch mit etwas warmem Wasser begießen, bis er zur Hälfte bedeckt ist.

**6** Dann die Tomaten waschen, abtrocknen und in Hälften schneiden.

**7** Den Fisch in der Pfanne mit etwas gerebeltem Oregano und Petersilienblättern würzen.

**8** Zum Schluss die Tomaten hinzufügen, salzen, pfeffern und noch ca. weitere 10 Minuten mit geschlossenem Deckel dünsten. Noch heiß servieren.

# TORTA CAPRESE

1 Die Schokolade zerkleinern und im Wasserbad schmelzen.

2 Die Mandeln in der Küchenmaschine zu Mandelmehl mahlen.

3 Mit dem Mixer die Butter und 150 g Zucker vermengen.

4 Nach und nach die Eigelbe hinzufügen und weiterrühren.

5 Nun die flüssige Schokolade langsam in die Masse einrühren.

6 Abschießend geriebene Mandeln dazugeben und alles zu einer cremigen Masse verrühren.

**7** Danach die Eiweiße mit dem restlichen Kristallzucker steif schlagen.

**8-9** Den Eischnee vorsichtig unter die Mandel-Schokomasse heben. Eine Tortenform von 26 cm Durchmesser mit Butter ausfetten und mit Mehl stauben.

**10** Jetzt den Teig einfüllen und bei 180 °C 35 Minuten backen. Auskühlen lassen und mit Puderzucker bestreut servieren.

Prüfen Sie mit einem Zahnstocher, ob die Torte durchgebacken ist. Wenn er beim Reinstechen trocken bleibt, ist der Kuchen fertig.

# STRUFFOLI – WEIHNACHTSGEBÄCK AUS NEAPEL

**1** Das Mehl auf eine Arbeitsfläche häufen und den Zucker beimengen. (2 EL für später zurückbehaltenen.)

**2** Nun die Eier und die Eigelbe hinzufügen und mit einer Gabel vermengen.

**3** Dann Butter, Salz und geriebene Zitronenschale hinzufügen.

**4** Mit den Händen einen Teig kneten, zur Kugel formen und mit einem Leinentuch bedeckt ca. 2 Stunden ruhen lassen.

**5** Danach aus dem Teig ca 1/2 cm dicke Streifen schneiden und zu Rollen formen.

**6** Abschließend die Teigrollen in ca. 1/2 cm kleine Stücke schneiden und in Mehl wälzen.

**7** In einem Topf das Maiskeimöl erhitzen und die Teigstücke darin frittieren.

**8** Wenn diese goldgelb gebacken sind, herausnehmen und auf Küchenpapier abtropfen lassen.

**9** In einer Pfanne den Honig mit Zucker und 4 EL Wasser aufkochen lassen.

**10** Wenn der Sirup eine goldene Farbe annimmt, die Hitze reduzieren.

**11** Nun die Struffoli in den Sirup schütten und vorsichtig umrühren.

**12** Die Struffoli auf einem großen Teller aufhäufen und mit den Zuckerstreuseln dekorieren.

# Die Inseln

Die Vorstellung des Mittelmeeres und seiner Ernährungsweise münden in einer Küche, die seit der Antike die Aromen von Erde und Meer miteinander vermischt.

# GEFÜLLTE SARDINEN

**1** Sardinen ausnehmen, putzen und Kopf, Flossen, Gräten sowie die Schuppe entfernen.

**2** Die Rosinen in einer Schüssel mit warmem Wasser einweichen.

**3** Etwas Olivenöl erhitzen, die Semmelbrösel darin rösten und dann in einer Schüssel zur Seite stellen.

**4** In dieselbe Pfanne nun etwas Olivenöl gießen und die abgetropften Sardellen darin anbraten, bis sie sich auflösen.

**5** Die Pinienkerne und die ausgedrückten Rosinen dazugeben.

**6** Die Pfanne vom Feuer nehmen und den Inhalt mit den Semmelbröseln vermischen.

7

8

9

10

11

12

**7** Danach geriebenen Pecorino nach Belieben, sowie fein gehackte Petersilie unterheben.

**8** Den Saft einer Zitrone mit Zucker vermischen. Die andere Zitrone in Scheiben schneiden.

**9** Die Sardinen salzen und mit je einem Löffel der vorbereiteten Masse füllen.

**10** Nun die Fische einrollen, ohne dass die Fülle ausrinnt.

**11** Fischröllchen in die ausgefettete Form setzen, dazwischen je ein Lorbeerblatt und eine Zitronenscheibe.

**12** Am Schluss Zitronensaft darüberträufeln, mit Zucker und den restlichen Semmelbröseln bestreuen.

# PENNE MIT AUBERGINEN

**1** Die Auberginen waschen, abtrocknen und in Würfel schneiden.

**2** Nun salzen, damit das Wasser entzogen wird, und in einem Nudelsieb abtropfen lassen.

**3** Die Haut der Tomaten einschneiden und einige Sekunden mit heißem Wasser abbrühen.

**4** Nun die Tomaten abschälen, die Kerne entfernen und klein schneiden.

**5** Die Zwiebel fein hacken und mit dem Knoblauch in etwas Olivenöl anrösten.

**6** Knoblauch entfernen, die Tomaten mit Basilikum, einer Prise Zucker und Salz 10 Minuten dünsten.

**7** In der Zwischenzeit die abgetropften und gut ausgedrückten Auberginenstücke in heißem Maiskeimöl frittieren. Danach auf einem Küchenpapier abrinnen lassen.

**8-9** Jetzt die Penne in reichlich Salzwasser al dente kochen. Abseihen und die Nudeln in der Pfanne unter die Tomatensauce heben.

**10** Am Schluss die Auberginen daruntermischen und mit geriebenem Ricotta sowie ein paar frischen Basilikumblättern garniert servieren.

# COUSCOUS ALLA TRAPANESE

1 Die Haut der Tomaten leicht einschneiden und für ein paar Minuten in heißes Wasser tauchen.

2 Abschälen, von den Kernen befreien und in Spalten schneiden.

3 Die Fische ausnehmen, putzen (Kopf, Flossen und Schuppen entfernen) und waschen.

4 Die Fischkarkasse mit Sellerie, 1 Zwiebel, 1 Lorbeerblatt und den klein geschnittenen Möhren in einem Topf mit Wasser zustellen.

5 Aufwallen und dann 30 Minuten kochen. Die Suppe durch ein Haarsieb filtern. Zur Seite stellen.

6 Nun die zweite Zwiebel gemeinsam mit dem Knoblauch und der Petersilie fein hacken.

7

8

9

10

11

12

**7** Die Fische in nicht zu kleine Stücke schneiden.

**8** Olivenöl erhitzen, das fein geschnittene Gemüse anschwitzen. Lorbeer, Tomaten und Fisch hinzufügen.

**9** Mit Wasser auffüllen, bis der Fisch bedeckt ist. Salzen, pfeffern. Safran, Mandeln, Zimt und Chili hinzufügen.

**10** Sauce dicklich einkochen lassen. In einem anderen Topf 250 ml der Fischsuppe mit 4 EL Olivenöl kochen.

**11** Nun das Couscous in einer extra Schüssel mit heißer Suppe begießen. Umrühren, bis alles aufgenommen ist.

**12** Zum Schluss mit Butter verfeinern und mit der Fischsauce servieren.

# PASTA MIT SALSICCIA

**1** Die Salsiccia abschälen und das Brät zerdrücken.

**2** Die Kirschtomaten waschen und in Hälften schneiden.

**3** Die Sellerie, Möhren- und Zwiebelstücke in einer Pfanne in etwas Olivenöl anrösten.

**4** Nun die Salsiccia hinzufügen, umrühren und gut durchbraten.

**5** Danach mit Weißwein ablöschen und verdunsten lassen.

**6** Die klein geschnittenen Tomaten aus der Dose sowie den Safran hinzufügen.

**7** Dann die Kirschtomaten gemeinsam mit den gehackten Kräutern in die Pfanne geben. Salzen, pfeffern und das Ganze 30 Minuten lang kochen.

**8** In der Zwischenzeit die Malloreddus ca. 10 Minuten in reichlich Salzwasser al dente kochen.

**9** Abseihen und gleich in der Pfanne rasch unter das Sugo heben.

**10** Mit geriebenem Pecorino servieren.

# CULURGIONES – PIKANTE SARDISCHE RAVIOLI

**1** Mehl und Grieß aufhäufen, salzen und mit etwas Wasser zu einem festen Teig kneten.

**2** Eine Kugel aus dem Teig formen, in eine Küchenfolie schlagen und 30 Minuten ruhen lassen.

**3** Die Kartoffeln waschen, kochen, schälen und mit einer Kartoffelpresse zerdrücken.

**4** Die Kartoffelmasse mit einem Ei und gehackter Minze vermischen. Salzen und pfeffern.

**5** Jetzt den geriebenen Pecorino sowie den Ziegenkäse unterheben und gut verrühren.

**6** Inzwischen den Pastateig dünn ausrollen und mit einem Glas ca. 7 cm große Kreise ausstechen.

7

8

9

10

**7** Mit einem Spritzsack oder einem kleinen Löffel die Fülle jeweils in die Mitte der Teigscheiben setzen.

**8** Nun den Teig von der Seite zur Mitte hin über die Fülle klappen. Dann von links und rechts die Teiglappen ebenfalls – als ob man einen Zopf flechten würde – über die Fülle klappen.

**9** Wenn man den Teig zu Ende „geflochten" hat, die Spitze einfach zusammendrücken.

**10** Die Culurgiones kurz in reichlich Salzwasser al dente kochen. Abseihen, mit zerlassener Butter oder einem einfachen Tomatensugo mit Basilikum sowie geriebenem Pecorino servieren.

# LAMM MIT MYRTE

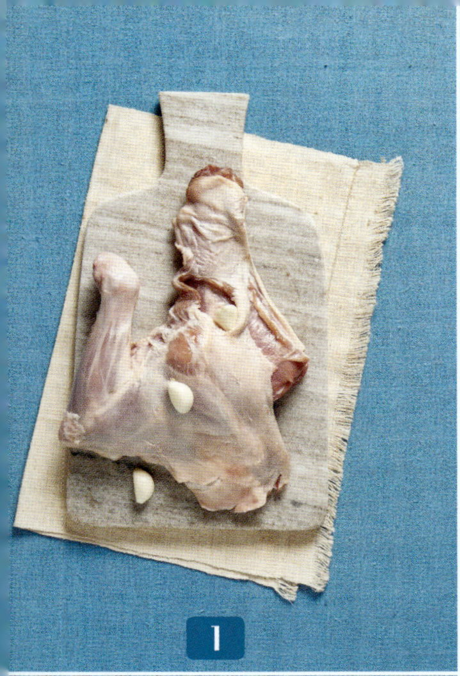

1 Die Lammschulter mit zerdrücktem Knoblauch einreiben.

2 Das grobe Salz mit den Myrtenzweigen in einem Mörser zerstoßen und so aromatisieren.

3 Das Fleisch an der Oberfläche einschneiden und mit Knoblauch spicken.

4 Mit Olivenöl bestreichen, mit Myrtensalz würzen und pfeffern. Danach in etwas Olivenöl von allen Seiten braun anbraten.

5 Mit etwas Weißwein und Myrtenlikör ablöschen. Dann bei 180 °C 25–30 Minuten im Ofen braten.

6 Nach 30 Minuten das Fleisch wenden und nochmal ablöschen. Mit Bratensaft übergießen.

# SEADAS – SÜSSE SARDISCHE RAVIOLI

1

2

3

4

5

6

**1** Zuerst den Käse von der Kruste befreien, in Scheiben schneiden und in einen Topf legen.

**2** Vanillemark, geriebene Zitronen- und Orangenschale in etwas Wasser aufkochen lassen. Über den Käse gießen.

**3** Den Käse 10 Minuten in der Flüssigkeit auflösen lassen, dann zu einer cremigen Masse rühren.

**4** Mit einem Löffel die Masse in kleinen Portionen auf einer feuchten Arbeitsfläche verteilen, flach drücken und auskühlen.

**5** In der Zwischenzeit den Hartweizengrieß mit Salz und Fett vermengen.

**6** Etwas lauwarmes Wasser dazugeben und alles zu einem elastischen Teig kneten.

7

8

9

10

11

12

**7** Diesen dann mit einem Teigroller sehr dünn ausrollen.

**8** Mit einem Ausstecher oder einem Glas ca. 10 cm große Scheiben ausstechen.

**9** In die Mitte einer jeden Teigscheibe je eine Käsescheibe platzieren.

**10** Mit einer weiteren Teigscheibe bedecken und an den Rändern festdrücken.

**11** Nun die Ränder mit den Zinken einer Gabel verzieren.

**12** Die Ravioli in Maiskeimöl frittieren, abtropfen lassen und mit Honig oder Zucker bestreut servieren.

# MANDELSORBET MIT SCHLAGSAHNE

1 1 l Wasser zum Kochen bringen und die Zimtstange darin ziehen lassen, bis das Wasser kalt ist.

2 Im restlichen Wasser nun die Mandelpaste unter ständigem Rühren auflösen.

3 Nun das Mandelwasser mit dem Zimtwasser vermischen.

4 Dann den Zucker unter ständigem Rühren darin auflösen.

5

6

7

8

**5** Die Flüssigkeit nun durch ein Haarsieb filtern, um Unreinheiten zu beseitigen.

**6** Das Ganze nun in einem Metallbehälter für mindestens 6 Stunden in den Tiefkühlschrank stellen.

**7** Alle 20 Minuten mit einem Löffel umrühren.

**8** Zum Schluss die Sahne schlagen und gemeinsam mit dem Sorbet servieren.

# INHALTSVERZEICHNIS NACH KATEGORIEN

## FLEISCH



## KÄSE



## OBST UND HONIG

# ALPHABETISCHES INHALTSVERZEICHNIS